92me DE LIGNE.

COLONEL PROUVOST.

OBLIGATIONS

IMPOSÉES PAR LES LOIS ET INSTRUCTIONS

SUR

LE RECRUTEMENT & LA MOBILISATION

DE L'ARMÉE.

ÉDITION REVUE.

LILLE,

IMPRIMERIE L. DANEL.

1880

OBLIGATIONS

imposées par les lois et instructions

SUR

LE RECRUTEMENT ET LA MOBILISATION

DE L'ARMÉE.

92ᵐᵉ RÉGIMENT D'INFANTERIE.

QUESTIONNAIRE

SUR LES OBLIGATIONS IMPOSÉES

AUX SOLDATS

ET

AUX RÉSERVISTES

PAR LES LOIS ET INSTRUCTIONS SUR LE RECRUTEMENT

ET LA MOBILISATION DE L'ARMÉE.

LILLE,

IMPRIMERIE L. DANEL.

—

1880

SOMMAIRE.

1re Série.

Obligation du service militaire.
Réserve et disponibilité de l'armée active.
Mobilisation.
Obligations des réservistes et disponibles en cas de mobilisation.

2e Série.

Changement de domicile.
Changement de résidence.
Formalités à remplir pour se déplacer et pour voyager.

3e Série.

Pénalités en cas d'infraction.

4e Série.

Appel annuel des réservistes pour les manœuvres.
Formalités des rapports avec l'autorité militaire.

MM. les Officiers chargés de faire aux hommes les théories sur le recrutement et la mobilisation expliqueront d'abord les réponses à faire aux questions d'une série, donnant toutes les explications nécessaires sur les obligations et devoirs imposés aux soldats par la nouvelle loi sur le recrutement.

Ils s'attacheront à ce que les soldats interrogés répondent en peu de paroles claires et précises aux questions posées.

Ils rectifieront ensuite les réponses, s'il y a lieu.

1re SÉRIE.

D. *Quelles sont les obligations générales imposées aux Français?*

    R. Servir leur pays, s'ils en sont reconnus dignes et capables.

D. *Pendant combien de temps?*

    R. Pendant 20 ans.

D. *Y a-t-il des motifs d'exclusion du service militaire?*

    R. Oui, pour ceux qui ont été condamnés à une peine afflictive ou infamante, et pour ceux condamnés à une peine correctionnelle de 2 ans et plus, lorsque le jugement les place en outre sous la surveillance de la haute police, et les interdit des droits civiques, civils et de famille.

D. *Comment les 20 années exigées de tout Français, sont-elles passées au service militaire?*

    R. Dans l'armée active, pendant cinq ans ;
    Dans la réserve de l'armée active, pendant quatre ans ;
    Dans l'armée territoriale, pendant cinq ans ;
    Dans la réserve de l'armée territoriale, pendant six ans.

D. *Qu'entend-on par classe de recrutement?*

    R. La classe à laquelle on appartient par le tirage au sort, si l'on n'a pas été omis.

D. *Qu'entend-on par classe de mobilisation ?*

R. La classe dont l'homme fait partie ou avec laquelle il doit marcher d'après les années de service qu'il a accomplies ; ainsi, un jeune soldat qui devrait appartenir par son âge à la classe de 1875, par exemple, et qui contracte un engagement volontaire le 1er avril 1873, fait partie de la même classe de mobilisation que les jeunes gens appelés légalement dans le courant de l'année 1873 *(classe de 1872).*

D. *Quels Français comprend la réserve de l'armée active ?*

R. Ceux qui ont accompli cinq années de service :
Sous les drapeaux ;
Dans la disponibilité ;
A la disposition de l'autorité militaire ;
Dans les services auxiliaires.

D. *Qu'est-ce que la position de disponibilité ?*

R. La disponibilité est la position des hommes qui sont renvoyés dans leurs foyers avant d'avoir accompli sous les drapeaux les cinq années de service actif prescrites par la loi.

D. *Quels sont les hommes qui peuvent être envoyés dans la Disponibilité ?*

R. 1º Les hommes de la deuxième portion du contingent, après avoir passé une année sous les drapeaux, dont l'instruction est suffisante et qui se sont bien conduits.

2º Les engagés conditionnels de 1re et de 2e années qui ont satisfait aux examens de fin d'année.

3º Les hommes qui, après leur incorporation, se trouvent dans l'un des cas de dispense prévus par l'article 17 de la loi.

D. *Quels sont les cas de dispense prévus par l'article 17 de la loi qui font envoyer les hommes dans la disponibilité après leur incorpooation ?*

R. En voici l'énumération :

Celui qui est devenu :

1º Aîné d'orphelins de père et de mère ;

2º Fils unique, ou l'aîné des fils, et à défaut de fils, le petit fils unique, ou l'aîné des petits-fils d'une femme veuve, d'une femme dont le mari a été déclaré absent, ou d'un père aveugle ;

3º Fils aîné ou petit-fils aîné d'un septuagénaire, par suite du décès d'un frère.

Les hommes de ces diverses catégories sont dispensés du service militaire après leur incorporation, *mais en temps de paix seulement.*

D. *Qu'entend-on par hommés à la disposition de l'autorité mililaive ?*

R. On entend par hommes *à la disposition de l'autorité militaire*, tous les hommes reconnus aptes à un service militaire laissés ou renvoyés dans leurs foyers à tout autre titre que celui de disponibles. Ce sont :

1º Les jeunes soldats des classés depuis le 1er juillet de l'année du tirage au sort jusqu'à leur appel à l'activité.

2º Les jeunes gens que les conseils de révision ont dispensés provisoirement à titre de soutiens de famille.

3º Les jeunes gens auxquels les conseils de résivion ont accordé des sursis d'appel.

4º Les hommes maintenus ou renvoyés dans leurs foyers par décisions ministérielles spéciales.

5º Les jeunes gens dispensés du service dans l'armée active, en vertu de l'art. 17 de la loi.

D. *Quand passent-ils dans la réserve de l'armée active ?*

R. À l'expiration des 5 années de service qu'ils aruaient dues à l'armée active.

D. *Qu'entend-on par non disponibles ?*

R. On entend par non disponibles les hommes qui ne sont point assujettis momentanément aux obligations militaires imposées aux autres hommes des mêmes classes, afin d'assurer la bonne organisation des services importants dans lesquels ils sont placés. Ils ne sont pas non plus assujettis aux formalités des changements de domicile ou de résidence.

Ce sont :

1º Les hommes employés à un titre quelconque dans les grandes Compagnies de chemin de fer [1].

2º Les employés des administrations des postes et télégraphes [1].

3º Les fonctionnaires et agents du département de la marine et des colonies ainsi que le personnel employé aux travaux dans les ports et établissements de la marine.

4º Un certain nombre d'employés des établissements de la guerre, indispensables à la marche de ces établissements.

5º Les hommes du corps forestier et les agents du service des douanes.

6º Les sapeurs pompiers des *places fortes*, s'ils appartiennent à l'armée territoriale.

7º Les éclusiers, les portiers, les maîtres et gardiens de phares.

---

(1) Employés depuis trois mois au moins dans les Administrations ou Compagnies, à l'exception des contrôleurs et des sapeurs-mineurs du Génie détachés sur les réseaux, lesquels sont *disponibles*.

Tous ces non-disponibles sont dispensés des appels annuels.

8° Les employés des finances destinés au service de la trésorerie aux armées.

9° Les employés reconnus indispensables à des administrations, établissements, services, relevant à un moment donné, *directement*, des départements de la guerre et de la marine [1].

10° Ceux que les services publiques conserveront *temporairement* dans l'intérêt général [1].

11° Les cantonniers des routes nationales, départementales, des chemins vicinaux et des voies navigables, s'ils sont de l'armée territoriale.

D. *Quelles sont les obligations imposées aux hommes qui sont dans la disponibilité?*

R. Ces hommes ne sont dispensés du service militaire, que pour le temps de paix seulement. La loi autorise le ministre de la guerre à les réunir pour des revues et des manœuvres; il fixe l'époque et la durée de celles-ci. Les engagés conditionnels sont exempts de ces revues et manœuvres.

D. *Quelles sont les obligations imposées aux hommes de la non disponibilité?*

R. En cas de mobilisation, ceux désignés pour les sections techniques rejoignent les postes auxquels ils sont affectés. Ceux conservés temporairement par les services publics ne rejoignent que sur un ordre individuel de l'autorité militaire et qui leur est transmis par leurs chefs de service. En temps de paix, ils sont tous affranchis de toute obligation militaire.

D. *Que doivent faire les hommes de la disponibilité*

(1) *Voir la note ci-contre.*

lorsque les causes de dispense qui les ont fait placer dans cette position viennent à cesser ?

> R. Ils doivent en faire la déclaration au maire de la commune dans un délai de 2 mois et ils sont alors soumis aux mêmes obligations que les hommes de leur classe.

D. *Qu'entend-on par hommes classés dans les services auxiliaires ?*

> R. Ceux qui, pour défaut de taille ou pour tout autre cause, ont été dispensés du service militaire dans l'armée active et sont destinés à compléter, en cas de guerre, les servicee accessoires de l'armée. Ils sont soumis à toutes les obligations des hommes de leur classe et peuvent être appelés en cas de mobilisation.

D. *A quelle époque passent-ils dans la réserve de l'armée active ?*

> R. En même temps que les jeunes soldats de leur classe.

D. *Quelles sont les obligations imposées aux hommes de la réserve de l'armée active ?*

> R. Ils sont assujettis pendant le temps de service dans ladite réserve à prendre part à 2 manœuvres dont la durée de chacune ne peut excéder 4 semaines.

D. *Que doivent faire les hommes de la réserve susceptibles d'être classés parmi les non-disponibles et dont la position n'a pas été régulièrement établie avant l'ordre de mobilisation ou avant le jour de convocation ?*

> R. Il doivent rejoindre le corps de troupe auquel ils sont affectés.

D. *Comment le soldat est-il informé du corps où il a été*

placé, de l'endroit et du jour où il doit rejoindre en cas de mobilisation ?

 R. Par son livret individuel qui lui est remis par scn commandant de compagnie à son départ du corps. Ce livret contient : Pages 51 à 68, les certificats d'envoi dans la disponibilité ou la réserve ou l'armée territoriale;

 Page 68, l'ordre de route indiquant le corps qu'il doit rejoindre, le point de réunion et le jour où il doit être rendu à destination.

 Le livret fait aussi connaître l'itinéraire que l'homme devra suivre pour rejoindre.

D. *Les hommes qui auraient été exceptionnellement convoqués pour des appels sur des points autres que leurs lieux de mobilisation, doivent-ils rejoindre ces points en cas de mobilisation réelle ?*

 R. Ils doivent rejoindre non ces points, mais ceux qu'indique l'ordre de route de la page 68 du livret individuel.

D. *Qu'entend-on par mobilisation ?*

 R. On entend par mobilisation le passage du pied de paix au pied de guerre de toutes les forces militaires du pays, c'est-à-dire l'appel des hommes, des chevaux et du matériel qui doivent porter l'armée au complet du pied de guerre et leur groupement dans les divers corps ou services de l'armée qu'ils sont appelés à compléter.

D. *Quels sont les devoirs du soldat réserviste ou disponible en cas de mobilisation ?*

 R. A la publication de l'ordre de mobilisation, publication faite par voies d'affiches, annonces sur la voie publique, insertions dans les journaux, tous les hommes de la réserve, ou de la disponibilité doivent se rendre à la destination indiquée par l'ordre de route contenu dans le livret individuel, ils doivent s'y présenter le jour marqué par ledit ordre sans attendre la notification individuelle d'un ordre de route ou d'appel et sans recourir à l'autorité militaire.

L'ordre de route du livret leur donne droit au transport gratuit sur les chemins de fer, et l'indemnité journalière qui leur est due leur sera rappelée en arrivant à destination.

D. *Les réservistes, les disponibles et les hommes en congé en attendant leur passage dans la réserve peuvent-ils se marier sans autorisation ?*

R. Oui, ils ont droit de se marier sans autorisation, mais ils restent soumis aux mêmes obligations que les hommes de la classe à laquelle ils appartiennent et ils doivent savoir qu'ils ne pourront jamais arguer de leur qualité d'hommes mariés pour se soustraire aux obligations du service militaire en cas de rappel à l'activité.

Nota — Les hommes âgés de 20 à 40 ans sont tenus de présenter leurs titres ou leur livret à l'autorité militaire, civile ou judiciaire, les réclamant, s'ils ne sont pas dégagés de toute obligation militaire.

2ᵉ SÉRIE.

D. *Qu'entend-on par domicile ?*

R. On entend par domicile le lieu où l'homme est fixé d'une façon qui paraît définitive.

Le domicile du mineur non émancipé est celui de ses père et mère ou tuteur. Les majeurs qui servent ou travaillent habituellement chez autrui ont le même domicile que la personne qu'ils servent ou chez laquelle ils travaillent, lorsqu'ils demeurent dans la même maison.

Pour le soldat, son domicile est le lieu de naissance.

D. *Qu'entend-on par résidence ?*

R. On entend par résidence le lieu habité momentanément par l'homme en dehors de son domicile qui reste le même.

Pour le militaire, la résidence est là où se trouve le drapeau.

D. *Qu'entend-on par changement de domicile ?*

R. C'est l'abandon, sans esprit de retour, du lieu où l'on était primitivement fixé.

D. *Qu'entend on par changement de résidence ?*

R. L'absence plus ou moins prolongée du domicile ou de la résidence avec esprit de retour au domicile qui reste le même.

D. *Quelle est l'utilité des certificats placés aux pages 51 et suivantes du livret individuel ?*

R. Ce certificat sert à constater l'envoi dans la réserve des hommes ayant accompli les cinq années de service actif exigées par la loi, ou bien le passage dans la disponibilité de ceux qui se trouvent dans l'un des cas de dispense dont il a été parlé précédemment.

Il sert aux engagés conditionnels après leur année de volontariat.

D. *Lorsque les hommes de la réserve doivent passer dans l'armée territoriale, que doivent-ils faire de leur livret individuel ?*

R. Ils doivent le remettre du 15 au 30 novembre de l'année qui précède leur passage dans l'armée territoriale, à la mairie ou au commandant de gendarmerie de leur canton.

Le commandant de recrutement, après avoir donné une nouvelle affectation à l'homme dans l'armée territoriale, remplace l'ordre de route par un nouveau, donnant les mêmes indications que le premier pour le lieu de réunion, le jour de l'arrivée et la route à suivre pour rejoindre le régiment territorial en cas de mobilisation.

Le livret leur est ensuite remis par l'intermédiaire de la gendarmerie.

D. *Expliquer l'utilité des visas de la gendarmerie, placés au verso des certificats d'envoi dans la disponibilité ou la réserve de l'armée active ?*

R. Ces visas servent à constater que l'homme, dans le cas de changement de domicile ou de résidence, s'est soumis aux obligations de la loi, et a rempli les formalités qui permettent de le suivre et de le retrouver en cas d'appel.

D. Quelles sont les formalités à remplir par l'homme lié au service et voulant changer de domicile, même dans l'intérieur de la subdivision ?

R.   AU DÉPART :

1° Une déclaration spéciale à la mairie du lieu qu'il quitte.

2° Faire viser par le commandant de la gendarmerie de son canton la déclaration de changement de domicile portée au dos du certificat de passage dans la réserve.

A L'ARRIVÉE :

3° Une déclaration spéciale à la mairie du lieu où il va s'établir.

4° Présenter son livret au commandant de la gendarmerie pour y faire apposer le visa d'arrivée.

Le livret et la déclaration à l'arrivée sont laissés au commandant de la gendarmerie du lieu d'arrivée et adressés immédiatement au commandant de recrutement, qui donne à l'homme une nouvelle affectation et remplace l'ordre de route s'il y a lieu. Le livret est ensuite retourné à l'intéressé par l'intermédiaire de la gendarmerie.

Quelles sont les formalités à remplir par l'homme voulant fixer son domicile dans le lieu où il se trouverait en résidence ?

R. Il doit faire :

1° Une déclaration spéciale à la mairie du nouveau domicile.

2° Faire viser son livret par le commandant de la gendarmerie du nouveau domicile et le lui laisser, ainsi que la déclaration.

Le commandant de recrutement du nouveau domicile donne, s'il y a lieu, une nouvelle affectation à l'homme, remplace l'ordre de route, puis le livret est renvoyé à l'intéressé par les soins de la gendarmerie.

D. Quelles sont les formalités à remplir en cas de fixation de domicile à l'étranger ?

R. 1° Déclaration du lieu où l'on va résider à faire à la mairie du lieu que l'on veut quitter.

2° Faire viser par le commandant de la gendarmerie du lieu qu'il quitte, la déclaration de changement de domicile portée au livret.

3° Faire la déclaration d'arrivée à l'agent consulaire de France. Dans ce cas, l'homme reste affecté au même régiment.

D. Quelles sont les formalités à remplir pour se fixer aux colonies ?

R. Les mêmes qu'au paragraphe précédent, excepté que la déclaration d'arrivée est faite aux autorites militaires de la colonie.

D. Quelles sont les formalités à remplir par l'homme quittant l'étranger pour revenir se fixer en France ?

R. L'homme aura à faire :

1° Une déclaration de départ à l'agent consulaire.

2° Une déclaration spéciale à la mairie de son nouveau domicile en France.

3° Faire apposer sur son livret le visa d'arrivée par le commandant de la brigade de gendarmerie.

D. Quelles sont les formalités à remplir par l'homme quittant le service et voulant changer de domicile, c'est-à-dire voulant se fixer dans un lieu autre que celui qu'il habitait avant son incorporation ?

R. Il doit faire :

Une déclaration spéciale à la gendarmerie de

son nouveau domicile à l'arrivée ou à la mairie de l'ancien domicile, à son départ (¹).

D. Quelles sout les formalités à remplir en cas de changement de résidence ?

R. 1° Déclaration verbale ou écrite à l'arrivée et dans un délai de 2 mois au commandant de la gendarmerie. Récépissé est donné.

2° Faire viser le livret par le commandant de ladite brigade.

En cas de résidence à l'étranger ou de changement de résidence à l'étranger, faire simplement une déclaration à l'agent consulaire de France.

D. A quelles formalités sont soumis les déplacements pour voyager ?

R. Les déplacements pour voyager se font sans autre formalité qu'une déclaration de déplacement et le visa du livret.

Ces formalités ne sont pas exigées, si le déplacement doit durer moins de deux mois.

A l'étranger, cette déclaration est faite à l'agent consulaire.

D. Quelles sont les formalités à remplir pour aller résider ou fixer son domicile dans le gouvernement de Paris, comprenant les départements de la Seine et de Seine-et-Oise ?

R. Tous les hommes ont maintenant la faculté d'aller résider ou fixer leur domicile dans le gouvernement de Paris. Dans les huit jours

(1) Les réservistes et disponibles changeant de domicile sont considérés pendant six mois comme en résidence dans la nouvelle subdivision. Après ce délai ils doivent de nouveau présenter leur livret à la gendarmerie, qui l'adressse alors au recrutement, où l'on inscrit le changement de domicile et l'affectation à un nouveau corps Toute affectation est invariablement valable ponr six mois.

qui suivent leur arrivée dans les départements de la Seine et Seine-et-Oise, les hommes doivent se présenter à la gendarmerie de Paris ou à la brigade de Seine ou Seine-et-Oise dont leur commune dépend et y déclarer leur intention d'y résider ou d'y fixer leur domicile. Ils seront porteurs de leurs livrets et donneront leur adresse. Dans les 15 jours qui suivront leur déclaration, ils recevront du gouvernement de Paris un bulletin par lequel ils sont autorisés soit à résider, soit à fixer leur domicile, et dans ce dernier cas, il sont inscrits en domicile dans un des quatre bureaux de recrutement de Paris ou à celui de Versailles

D. *Qu'entend-on par résidence prolongée ?*

R. La résidence au delà d'une année dans une subdivision autre que celle du domicile.

D. *Quelles formalités entraîne-t-elle ?*

R. Celles du changement de domicile, mais elles sont facultatives, cependaut si la résidence prolongée prend, en raison de circonstances telles que mariage, établissement durable, etc... le caractère d'un véritable domicile, les réservistes peuvent être signalés par la gendarmerie aux commandants de recrutement, qui leur imposeraient une nouvelle affectation.

D. *A quelles formalités sont soumis les employés de l'État ?*

R. Ils sont dispensés de produire eux-mêmes les déclarations de changement de domicile ou de résidence et de faire viser personnellement leur titre par la gendarmerie, quand ils reçoivent un ordre exécutoire à bref délai. Ces formalités incombent alors à leur administration.

D. *Quels sont les devoirs de l'homme absent de son domicile au moment d'un appel quelconque ?*

R. Tout homme absent de son domicile en cas d'appel à l'activité ou de convocation, doit rejoindre directement, sans délai et sans intervention de l'autorité militaire, le corps auquel il est affecté.

D. *Comment sont convoqués les hommes à la disposition ?*

R. Par affiches spéciales, lesquelles mentionnent la faculté de prendre ou non le chemin de fer, ou par ordre d'appels individuels spéciaux pour ceux employés dans les différents services accessoires de l'armée.

D. *En cas d'appel où doivent-ils rejoindre ?*

R. S'ils sont dans les cinq premières années de service, au bureau de recrutement de leur subdivision ; s'ils font partie de la réserve, à leur corps d'affectation.

D. *Comment sont convoqués les hommes des services auxiliaires ?*

R. Par ordre d'appel individuel.
Les hommes à la disposition et ceux des services auxiliaires n'ont droit, en aucun cas, au transport gratuit sur les voies ferrées, au moment de la mobilisation.

D. *Comment sont prévenus les hommes à l'étranger au moment d'un appel quelconque ?*

R. Les hommes à l'étranger sont prévenus des appels et convocations par les soins des agents consulaires.

D. *Comment sont prévenus ceux qui résident et voyagent en France ?*

R. Les affiches, les journaux, les annonces sur la

voie publique, préviennent les hommes résidant ou voyageant en France.

D. *A qui, et comment sont accordés les sursis et dispenses de rejoindre en cas d'appel ou de convocation ?*

R. Les sursis et dispenses peuvent être accordés à ceux qui ont fait les déclarations prescrites pour les changements de résidence et les déplacements pour voyager. Des délais supplémentaires peuvent aussi être accordés à ceux qui ont obtenu l'autorisation de résider hors de France. Les demandes accompagnées d'un certificat N° 5 sont adressées au commandant du recrutement par la gendarmerie et soumises à l'approbation du général. La décision intervenue est remise aux intéressés par la même voie.

A l'étranger, ces demandes sont remises à l'agent consulaire pour être transmises au ministre qui les fait parvenir aux généraux commandant le corps d'armée. La décision intervenue revient aux intéressés par les soins du ministre.

D. *Que doivent faire les hommes susceptibles d'être réformés ?*

R. Une déclaration au commandant de la brigade de gendarmerie. Cette déclaration est transmise au commandant du bureau de recrutement, qui informe les intéressés qu'ils auront à se présenter devant la commission spéciale de réforme. Les hommes qui n'auraient pas fait valoir, en temps utile, leurs droits à la réforme sont astreints à tous les appels de mobilisation et de manœuvres.

3ᵉ SÉRIE.

D. *Quelles sont les punitions infligées aux hommes en cas de non déclaration de changement de domicile ?*

    R. Pour tout homme appartenant à la disponibilité, la réserve de l'armée active, il peut être prononcé une amende de 16 à 200 fr. à laquelle peut s'ajouter un emprisonnement de 15 jours à 3 mois.

D. *Quelle sont les punitions qui peuvent être infligées aux hommes en cas de non déclaration de changement de résidence ou d'un déplacement pour voyager ?*

    R. Pour tout homme appartenant à la disponibilité, la réserve de l'armée active, il peut être prononcé une amende de 16 à 50 fr. à laquelle peut s'ajouter un emprisonnement de 6 jours à un mois.

D. *Quelle punition peut être infligée à l'homme qui n'ayant pas fait les déclarations prescrites pour le changement de domicile ou de résidence, n'aurait pu rejoindre dans les délais fixés par son ordre de route au moment d'un appel ou d'une convocation quelconque ?*

    R. L'homme qui se trouverait dans ce cas serait passible des tribunaux ordinaires dans le cas où le retard dépasserait 8 jours, et il pourrait être puni d'un emprisonnement de 6 jours à un mois.

    Si le retard n'atteint pas 8 jours, il n'est passible que de peines disciplinaires.

D. *Quelle punition peut être infligée à l'homme qui n'a pas rejoint au jour indiqué pour des manœuvres ou revues ?*

R. Tout homme qui n'a pas rejoint au jour indiqué pour des manœuvres, exercices ou revues, peut être astreint par l'autorité militaire à compléter au corps le temps de service pour lequel il est appelé.

Dans aucun cas, il ne peut invoquer son absence pour se justifier de n'avoir pas obéi aux ordres de l'autorité militaire. Il est en outre passible de peines disciplinaires.

D. *Quelle punition peut être infligée à l'homme qui perd son livret ?*

R. En cas de perte du livret, si l'homme est reconnu passible de négligence, il est puni de peines disciplinaires, c'est-à-dire de salle de police ou de prison.

D. *Quelles sont les autres fautes pour lesquelles les hommes de la réserve et de l'armée territoriale peuvent être punis ?*

R. Ces fautes sont :

1° La lacération du livret;

2° Les infractions contre la discipline lorsqu'ils sont revêtus d'effets d'uniforme ;

3° Tout acte de désobéissance aux ordres de l'autorité militaire donnés en exécution des lois qui les régissent.

D. *Par qui sont ordonnées les punitions disciplinaires ?*

R. Ces punitions sont ordonnées dans les circonscriptions territoriales par le commandant de recrutement, le général de brigade, le général de division et le général commandant le corps d'armée.

D. *Quelle est la nature des punitions à infliger aux hommes de la réserve et de l'armée territoriale ?*

R. Ces punitions sont : la salle de police ou la prison suivant la gravité de la faute commise, la cassation pour les gradés.

D. *Quelle est la durée maximum de ces punitions ?*

R. La salle de police ne peut être infligée pour plus de 30 jours, il en est de même de la punition de prison.

Les punitions ne peuvent excéder 15 jours pour les hommes ayant moins de 3 mois de présence sous les drapeaux, temps de service accompli même en plusieurs périodes.

D. *Comment sont exécutées les punitions ?*

R. Les hommes punis sont dirigés sur des corps à proximité de leur résidence, où ils sont mis à la salle de police ou en prison. La punition de prison peut être subie, soit dans les locaux disciplinaires, soit dans les lieux de détention militaire, soit enfin dans les prisons civiles.

Pendant la durée de leur séjour dans les locaux disciplinaires des corps de troupe, ils sont soumis à toutes les prescriptions que comporte le règlement sur le service intérieur du corps et qui concerne les punitions.

D. *Comment sont notifiées les punitions ?*

R. Par le bulletin transmis à l'homme puni, déposé à son domicile ou à sa résidence par la gendarmerie, qui dresse procès-verbal.

D. *Comment se rend le réserviste au lieu où il doit subir sa punition ?*

R. L'homme se rend librement au corps qui lui a

été désigné sur le bulletin. Ceux qui n'obéissent pas au premier ordre, sont ramenés sous l'escorte de la gendarmerie.

D. *Quels sont les délais pour être déclaré insoumis ?*

R. 1° 15 jours, si l'homme a servi ;
    2° 30 jours, s'il n'a pas servi ;
    3° 2 mois, si l'homme est régulièrement domicilié en Algérie, dans les îles des contrées limitrophes de la France ou en Europe.
    4° 6 mois, s'il demeure dans tout autre pays. En cas de guerre ou de mobilisation par voie d'affiches et de publication sur la voie publique, les délais ci-dessus sont réduits : à 2 jours, pour les hommes compris dans les 2 premiers paragraphes, et diminués de moitié pour ceux des 3e et 4e paragraphes.

4ᵉ SÉRIE.

APPEL ANNUEL DES RÉSERVISTES
POUR LES MANŒUVRES.

D. *Comment sont convoqués les réservistes aux exercices et manœuvres ?*

R. Les réservistes sont convoqués par voie d'affiches posées en temps utile et en nombre suffisant dans chaque commune, et au moyen de la feuille spéciale jointe au livret individuel. Ces affiches et la feuille spéciale contiennent toutes les indications de temps et de lieu nécessaires aux réservistes pour rejoindre, au moment indiqué, leur destination.

D. *Comment a lieu le transport des réservistes par voie ferrée ?*

R. Les réservistes qui ont à faire usage des voies ferrées pour se rendre à destination, sont admis à y voyager à prix réduit sur la présentation de leur livret contenant la feuille spéciale ; mais auront seuls droit à ce transport à prix réduit, les hommes partant de leur domicile légal ou de la résidence régulièrement déclarée par eux à la gendarmerie et inscrite au dos du certificat d'envoi dans la réserve.

D. *Comment les réservistes devront-ils être rendus à destination ?*

R. Tout réserviste devra être rendu à la destination inscrite sur la feuille spéciale à la date fixée par les affiches pour la région dans laquelle est stationné le corps auquel il est affecté, ou dans lequel, suivant le cas, il doit faire sa période d'instruction. L'heure d'arrivée est inscrite sur la feuille spéciale, et il sera tenu la main à ce que tout réserviste se présente à l'heure indiquée. Ceux qui contreviendraient à cette disposition, seront punis disciplinairement (de prison.)

D. *Quels sont ceux qui sont dispensés des exercices et manœuvres ?*

R. Tous les réservistes appartenant aux classes appelées doivent obéir à l'ordre de convocation, à moins d'empêchement légitime dûment constaté, de sursis ou de dispense régulièrement accordés.

Sont seuls dispensés des exercices et manœuvres :

1º Les hommes classés comme non-disponibles.

2º Les docteurs en médecine, pharmaciens de 1re classe et vétérinaires proposés pour des emplois de leur spécialité dans la réserve et non encore nommés.

3º Les internes des hôpitaux réunissant les conditions requises pour le doctorat où le grade de pharmacien de 1re classe, mais ne pouvant être reçus en raison de leur situation d'internes.

4º Les députés et conseillers généraux pendant la durée de leurs sessions.

5º Les hommes ayant quitté le service depuis

le 1er janvier de l'année qui précède celle pendant laquelle a eu lieu la convocation, à l'exception de ceux dont la libération a été retardée par une condamnation ou une mesure disciplinaire.

6° Les ouvriers militaires de chemin de fer.

D. *Quand doivent-être adressées les demandes de dispense ?*

R. Elles ne sont reçues que pendant la quinzaine précédent le jour de la convocation.

D. *A qui peut-on accorder des sursis d'appel ?*

R. MM. les commandants de corps d'armée peuvent accorder un délai uniforme *jusqu'au printemps suivant* à certains réservistes qui se trouvent dans des cas particuliers intéressants on appelés en témoignage. Ces réservistes recevront un titre spécial portant ordre de se rendre au lieu indiqué par leur feuille spéciale à la date du printemps que les affiches font connaître.

D. *Peut-on demander à devancer l'appel ?*

R. Les réservistes des classes à appeler qui auraient un intérêt majeur à devancer la convocation générale de leur classe peuvent être autorisés par le commandant du corps d'armée à faire leur période d'exercices avec les classes convoquées l'année suivante.

D. *A quoi sont astreints les hommes punis de prison ?*

R. Les hommes qui, pendant la période d'instruction, auraient été punis de prison sont maintenus au corps après le départ des autres réservistes pendant un nombre de jours égal à la durée totale des punitions de cette nature qu'ils auraient encourues.

Les punitions de prison sont toujours subies intégralement en sus de la durée fixée pour la convocation et en principe après le renvoi des réservistes pour ne pas gêner l'instruction.

Sont punis de prison, les hommes qui se présenteraient sans livret ou avec des livrets en mauvais état.

D. *Que doivent faire les réservistes avant de rejoindre ?*

R. Ils doivent se faire couper les cheveux et la barbe à l'ordonnance, ils ont intérêt aussi à se présenter avec des effets de linge et chaussure en bon état, puisqu'ils reçoivent en retour l'indemnité et qu'ils évitent l'inconvénient de faire usage de chaussures neuves susceptibles de les blesser.

D. *Que doivent faire les réservistes qui seraient malades ?*

R. Ils doivent en informer sans délai la brigade de gendarmerie. Ils adressent en même temps à la gendarmerie un certificat du médecin qui est visé par le maire si le médecin est civil.

D. *Les non-disponibles quittant leur emploi après la convocation de leur classe doivent-ils accomplir, après le renvoi de cette dernière, leur période d'instruction ?*

R. Non, ils sont considérés comme ayant été régulièrement dispensés en raison de leur fonction.

D. *Quelles doivent être les formalités des rapports du réserviste avec l'autorité militaire ?*

R. Les hommes *domiciliés* dans une subdivision de région transmettent leurs demandes au général commandant la subdivision, par l'intermédiaire de la gendarmerie.

Les hommes qui ont changé régulièrement de *résidence*, adressent :

1º Les demandes de renseignements relatives à leur situation militaire, leurs réclamations, leurs demandes de dispense d'assister aux appels d'exercices et de manœuvres comme soutiens temporaires de famille (4 pour cent).

Au général commandant la subdivision de leur *domicile*, et non de leur *résidence actuelle*, par l'intermédiaire de la gendarmerie de leur résidence.

2º Leurs demandes de réforme, de sursis, d'autorisation de faire la période d'instruction dans un corps de même arme (ce qui ne peut être accordé que si le régiment auquel on est affecté ne manœuvre pas), de devancement de période d'exercice (si l'on est convoqué pour l'annés suivante).

Au général commandant la subdivision de région de la *résidence*, par l'intermédiaire du commandant de gendarmerie de cette résidence ou du commandant de recrutement, qui instruit.

Pour les hommes domiciliés ou en résidence dans le département de la Seine, ces demandes sont adressées à M. le gouverneur militaire de Paris, 28, rue Cambon.

FIN

www.ingramcontent.com/pod-product-compliance
Lightning Source LLC
LaVergne TN
LVHW050322030726
842520LV00005B/1724